Sehen und lernen

Vögel

in freier Natur

von

Ton van Eerbeek

A. Weichert Verlag

Fasan *(Phasianus colchicus)*

Eine Radtour durch den Wald an einem Sommertag ist etwas Herrliches. Schmetterlinge flattern über dem Waldweg, Mücken und Hummeln schwirren umher. In der Ferne bewegen sich am Wegrand zwei gestreifte Federknäuel, und im Gras daneben kommen noch acht weitere daher. Ein großer brauner Vogel stößt einen Schrei aus – das ist die Fasanenhenne, die ihre Jungen warnt. Sie hat die Radfahrer bemerkt. Sofort sind alle Jungen verschwunden, und die Mutter hat sich unter einem Strauch versteckt. Wo sind die Küken geblieben? Sie haben sich einfach auf den Boden gedrückt. Aufgrund ihrer bräunlichen Farbe sind sie nicht zu entdecken. Ihre Tarnfarbe schützt sie. Eines liegt so nahe am Weg, daß das Fahrrad nur wenige Zentimeter an ihm vorbeirollt. Doch der Fahrer sieht das Junge trotzdem nicht . . .

Der Fasanenhahn ist einer unserer buntesten Vögel. Mit seinem blauglänzenden Kopf, seinem langen gestreiften Schwanz und seinem rotbraunen Federkleid fällt er auf Äckern, Weiden und an Waldrändern sehr auf. Dort macht er sich auf die Suche nach Samen, Schnecken, Heuschrecken, Käfern und anderen Insekten, von denen er sich ernährt. Im dichten Bewuchs ist er aber schwer zu entdecken. Es kann deshalb passieren, daß man in unmittelbarer Nähe einen lauten Schrei hört – und mit heftigen Flügelschlägen sucht dann der Fasanenhahn das Weite.

Fasane lebten ursprünglich in Asien. Vor langer Zeit wurden sie von Menschen in Europa angesiedelt. Auch in anderen Erdteilen wurden sie ausgesetzt.

Fasan. Größe des Hahnes: 75–90 cm (einschließlich des Schwanzes). Die Henne ist 10–15 cm kleiner. Bodenbrüter, weshalb das Weibchen eine Tarnfarbe besitzt. Es baut sein Nest unter Sträuchern und brütet in 3–4 Wochen die 7–15 Eier aus. Brutzeit: April–Juni.

In Wäldern und Feldern

Ringeltaube *(Columba palumbus)*

Die Taube ist das Symbol für Liebe, Zärtlichkeit und Frieden. In der Bibel wird die Taube als Sinnbild für Sanftmut dargestellt. Eine Taube mit einem Olivenzweig im Schnabel bildet das Symbol für den „Friedensboten". Doch Tauben sind noch Sinnbilder für mehr, nämlich für Sauberkeit und Einfachheit. Die Gründe für all dies sind im Verhalten der Tauben zu suchen, die in 280 Arten in der ganzen Welt vorkommen. Es sind (fast) alle sanftmütige Tiere, die gut für ihre Jungen sorgen. Auch die Ringeltaube ist ein solch sanfter Vogel. Man betrachte sich nur einmal, wie das Männchen dem Weibchen den Hof macht. Erst läßt er ein sanftes Gurren erklingen, ein „Ruu-Kruu, ruu-kruu", dann läuft er über den Ast auf sie zu und macht tiefe Verbeugungen vor ihr. Während des Verbeugens spreizt er seine Schwanzfedern wie einen Fächer aus. Diese Art des Hofmachens – Balz genannt – wird oft wiederholt. Wenn auch das Weibchen Interesse zeigt, reiben die Vögel ihre Schnäbel aneinander – als ob sie sich gegenseitig liebkosen würden. Während der Balz kann das Männchen auch mit schlagenden Flügeln auffliegen. Dieses Hofmachen ist wirklich rührend anzusehen.

Die Ringeltaube kommt bei uns häufig vor, und zwar vor allem im Wald. Man sieht sie aber auch in Parks und Gärten, wo sie sich mit Brotkrumen füttern läßt. Sämereien sind jedoch ihre Hauptnahrung. Ihr Nest baut sie aus Zweigen in Bäumen.

Ringeltaube. Länge bis 41 cm. Lebensraum: fast ganz Europa, auch Asien. Brutzeit: August und September. Die 2 Eier werden von den Eltern in 17 Tagen ausgebrütet. „Taubenmilch" (s. Seite 9) ist die erste Nahrung der Jungen.

Im Wald

Buntspecht *(Dendrocopus major)*

Unter den Vögeln gibt es einige „Trommler" und „Zimmerleute". Das sind die Spechte, von denen hier der Buntspecht abgebildet ist. Mit ihren harten Schnäbeln bearbeiten sie Baumstämme. Auf einer Waldwanderung kann man dieses Trommeln oder Klopfen hören. Spechtmännchen tun das, um ihre männlichen Artgenossen zu warnen. „Meide mein Gebiet, sonst gibt's Saures" heißt das Klopfen in der Sprache der Spechte. Nur ein Spechtweibchen wird zugelassen. Gemeinsam hacken sie in einen alten, etwas morschen Baum eine Nesthöhle, oder sie wählen ein Astloch. Wenn die Höhle fertig ist, legt das Weibchen seine Eier darin ab. Die liegen dann einfach auf dem harten Nestboden, denn für eine Auskleidung sorgen die Eltern nicht.

Aber auch im restlichen Jahr wird ständig auf Baumstämme getrommelt. Der Specht versucht damit, Baumrinde loszubekommen, um die darunter lebenden Spinnen, Insekten und deren Larven zu erwischen, denn sie bilden seine Nahrung. Beim Hacken stützt sich der Zimmermann auf seinen langen Schwanz. Im Winter trägt der Buntspecht Nadelbaumzapfen in die Büsche. Dort versucht er, die Baumfrüchte in eine Astgabel zu klemmen. Ist das geglückt, hackt er sie auf und frißt die Samen darin. Einen solchen „Arbeitsplatz" findet man, wenn man unter kahlen Sträuchern nach „abgeklopften" Tannenzapfen sucht. Manchmal entdeckt man auch noch Zapfen in einer Astgabel, die zur Bearbeitung bereit sind.

Buntspecht. Länge: 23 cm. Männchen haben einen roten Fleck im Genick. Diese Art kommt in Europa und Asien vor. Bei uns ist sie in Wäldern oft zu sehen und zu hören. Brutzeit: Mai, Juni. In 2 Wochen brüten die Eltern die 4–7 Eier aus. Nach 3 Wochen sind die Jungen flügge.

Im Wald

Zaunkönig *(Troglodytes troglodytes)*

Wenn man unter Sträuchern ein helles, schrilles „Tit-tit-tit" hört, dann sollte man ruhig stehen bleiben. Nach kurzer Zeit wird man unter den Zweigen ein winziges, dunkelbraunes Vögelchen entdecken. Es ist der Zaunkönig. Er gehört zu unseren kleinsten Vögeln, und man kann ihn im Sommer und Winter laut singen hören. Das kurze Stummelschwänzchen wippt immer auf und nieder. Der Zaunkönig frißt vor allem Spinnen und Insekten. Im Winter findet er die natürlich nicht, und so sucht er auf dem Boden nach Samen.

Zaunkönige sind fantastische Baumeister. Aus Moos, Gras und Blättern bauen sie ein kugelförmiges Nest mit einem Eingang. Den Nestbau besorgt das Männchen. Gebaut wird in Sträuchern, hohlen Bäumen und anderen Höhlungen, z. B. Mauerlöchern. Dann stellt es sich in den Eingang und singt aus voller Brust. Wenn ein Weibchen in die Nähe kommt, um sich das Nest anzuschauen, gerät er völlig in Aufregung. Gefällt dem Weibchen das Nest nicht, beginnt der Architekt aufs neue zu bauen. So baut er also verschiedene Nester. Das Nest, das dem Weibchen schließlich zusagt, wird von ihr im Inneren mit Federn ausgekleidet. Die anderen Nester sind dazu da, um in ihnen zu schlafen. In einem solchen Schlafnest hat man in einem kalten Winter schon einmal mehr als 30 Zaunkönige gezählt. Dadurch schützen sie sich gegenseitig vor der Kälte. Bei sehr strengen Wintern erfrieren aber doch viele Zaunkönige.

Zaunkönig. Länge: 9,5 cm. Männchen und Weibchen sehen gleich aus. Kommt in fast ganz Europa vor. Brutzeit: April, Mai. Es werden 5–8 Eier gelegt, die das Weibchen allein ausbrütet. Der Zaunkönig ist ein Waldvogel, den man aber auch in Gärten sehen kann.

In Wäldern und Parks

Singdrossel *(Turdus philomelos)*

Schon im Januar kann man den Gesang der Singdrossel hören, aber auch im Herbst erschallt er noch durch Wälder, Parks und Gärten. Man sieht oft, wie sie mit schiefgehaltenem Köpfchen in die Runde blickt. Haben ihre dunklen Augen ein Schneckenhaus entdeckt, so ist es um dieses geschehen. Rasch wird es mit dem Schnabel gepackt. Die Drossel fliegt mit der Schnecke zu einem Stein, auf dem sie mit kräftigen Kopfschlägen das harte Schneckenhaus in Stücke schlägt, der für sie sozusagen ein „Amboß" ist. Manchmal springt sie dabei noch in die Höhe, um noch kräftiger zuschlagen zu können. Sobald das sichere Häuschen geborsten ist, zieht die Singdrossel die Schnecke heraus und schluckt sie hinunter. Wenn ihr der Stein als tauglich erscheint, benützt sie ihn immer wieder. Dort sieht man dann Dutzende zerbrochener Schneckenhäuser herumliegen. Man sollte bei einem Spaziergang also mal auf Steine achten, die als Amboß in Frage kämen. Auch Regenwürmer schmecken der Drossel. Es kostet sie allerdings oft viel Mühe, die langen Würmer aus dem Boden zu ziehen. Im Winter sucht sie nach Samen und Beeren, z.B. Vogelbeeren.

Ein Nest aus Gras und Moos zu bauen ist Aufgabe des Weibchens. Wenn es damit fertig ist, holt es mit dem Schnabel Schlamm und schmiert ihn gegen die Innenseite des Nestes. Sie drückt ihn mit der Brust ständig fest, bis eine Art Schale entstanden ist. Die 4–6 blauen Eier fallen darin aber sehr auf und werden oft von Eierdieben, z.B. vom Eichelhäher, gestohlen.

Singdrossel. Länge: 23 cm; gleicht der Misteldrossel, ist aber kleiner. Männchen und Weibchen sehen gleich aus. Ist ein bei uns häufig vorkommender Brutvogel. Viele Drosseln ziehen im Herbst nach Südeuropa. Brutzeit: März–Juni, 2–3 Bruten pro Jahr. Brutdauer: 11–15 Tage.

In Wäldern und Parks

Gartenrotschwanz
(Phoenicurus phoenicurus)

Wenn ein Vogel Hunger bekommt, fliegt er dorthin, wo es etwas zu fressen gibt. Wenn er müde ist, fliegt er zu einem ruhigen Ort, wo er sich ausruhen kann. Will er ein Nest bauen, sucht er sich irgendwo einen geeigneten Platz und fängt damit an. Und wenn es im Herbst kühler und außerdem die Nahrung knapper wird, fliegt er einfach in wärmere Gefilde der Erde. Grenzen gibt es für ihn keine – Zugvögel machen das Jahr für Jahr. Ein solcher Zugvogel ist auch der Gartenrotschwanz. Zwischen August und Oktober zieht er nach Afrika und verbringt dort den Winter. Erst im April kehrt er zurück. Dann muß für Nachwuchs gesorgt und deshalb ein Nest gebaut werden. Dies ist Sache des Weibchens. Es sucht sich dafür einen hohlen Baum oder eine Mauerspalte. Auch eine leere Konservenbüchse, ein Eimer oder ein Briefkasten an einem Gartenweg kommt als Nistplatz in Frage. Früher sah man Rotschwänze oft in der Nähe von Bauernhöfen herumflattern, doch weil Nisthöhlen in Bauernhäusern, Scheunen und Obstgärten fast verschwunden sind, sieht man auch den Gartenrotschwanz immer seltener. Von einem Nistkasten macht der Vogel dankbar Gebrauch. Das Nest wird aus Gras, Moos, Haar- und Wollteilen gebaut.

Dieser Sommergast ist an seinem roten Schwanz zu erkennen, der vor allem während des Fliegens gut zu sehen ist. Die Männchen haben kräftigere Farben als die Weibchen und Jungen.

Gartenrotschwanz. Länge: 14 cm (ungefähr sperlingsgroß). Im Sommer in ganz West- und Nordeuropa vorkommend; im Winter lebt er in Mittelafrika. Brutzeit: Mai, Juni. Die 6–7 hellblauen Eier werden in 2 Wochen von der Mutter ausgebrütet.

In Wäldern, Parks und Gärten

Eichelhäher *(Garrulus glandarius)*

„Schraak-schraak" klingt es durch den Wald. Der Ton ist laut und hallt zwischen den Bäumen wider. Ein kräftiger Vogel, farbig wie ein Exote, fliegt zwischen den Bäumen. Geschickt versteht er es, den Zweigen auszuweichen. Wieder läßt der Vogel seinen Ruf erschallen. Ein Eichhörnchen schaut erschrocken nach oben; es ist vorgewarnt und sucht rasch das Weite. Der Vogel, um den es hier geht, ist der Eichelhäher. Er gilt als „Polizei" im Walde, und mit seinen lauten Rufen macht er andere Tiere auf Gefahren aufmerksam. Eicheln, Bucheckern und Nüsse vergräbt er im Herbst im Boden, und diese bilden seinen Wintervorrat. Aber manchmal vergißt er, wo er alle Vorräte vergraben hat, und so bleibt einiges davon liegen. Der Eichelhäher pflanzt also gewissermaßen Bäume an. Im Frühjahr raubt er Eier und Junge aus Nestern von kleineren Vögeln. Auf seinem Speiseplan stehen auch noch Schmetterlinge und andere Insekten; wenn er eine Maus oder Eidechse entdeckt, greift er ebenfalls zu.

Männchen und Weibchen bauen gemeinsam aus Zweigen ein Nest in Sträuchern. Das Ausbrüten der 6 graubraunen, gepunkteten Eier ist Aufgabe des Weibchens. Mit Nahrung versorgen die Eltern ihren Nachwuchs aber gemeinsam. Im Winter sucht der Eichelhäher manchmal auch in Gärten nach Nahrung.

Eichelhäher. Er wird 34 cm lang und kommt in fast ganz Europa vor. In unseren Wäldern ist er recht häufig. Er gehört zu den Rabenvögeln, deren farbigster Vertreter er ist. Brutzeit: April–Juni. Nach 16 Tagen Brüten schlüpfen die Jungen; knapp 3 Wochen später fliegen sie aus.

Im Wald

Türkentaube *(Streptopelia decaocto)*

Früher hielten die Menschen auf dem Land oft Hühner, die meistens frei auf den Höfen herumliefen. Futter bekamen sie reichlich, und das wurde einfach ausgestreut. Darauf ist die Türkentaube ganz versessen, und wahrscheinlich kommt deswegen diese Taubenart heutzutage in fast ganz Mitteleuropa vor. Zu Beginn des Jahrhunderts traf man sie noch ausschließlich in Südasien an, doch ab 1930 begann ihr Zug nach Westen. Über die Türkei – deshalb auch der Name – erreichte sie Europa. 1950 tauchte sie schon in unseren Breiten auf. Spanien und Portugal hat sie merkwürdigerweise nicht erobert. Hühner werden heute zwar oft in Ställen gehalten, doch die Türkentaube ist geblieben. Sie kann sich großartig anpassen. Mit etwas Geduld kann man sie so zähmen, daß sie Samen aus der Hand frißt. Das Nest wird aus Zweigen in einem hohen Baum gebaut. Gebrütet wird vom Frühjahr bis zum Herbst. Die 2 Jungen, die bei der Geburt nackt und blind sind, erhalten „Taubenmilch" zu fressen. Diese „dicke Milch" erzeugen die Eltern in ihrem Kropf (einem Teil der Speiseröhre). Die Jungen nehmen die Nahrung auf, indem sie ihren Schnabel in den der Mutter oder des Vaters stecken. Das Elterntier gibt daraufhin die „Milch" von sich. Nach einigen Tagen bekommen die Jungen auch aufgeweichte Samen zu fressen. Das ganze Jahr hindurch kann man das „Ruu-kuu-kuu", den Ruf der Türkentaube, hören. Sie ähnelt der Turteltaube, doch diese Art lebt bei uns nur während des Sommers.

Türkentaube. Länge: 28 cm. Es werden pro Jahr 3–4 Gelege (weiß) in 2 Wochen von den Eltern ausgebrütet. Nach 18 Tagen sind die Jungen flügge. Sie sind grau und haben noch kein „Halsband".

Im Garten

Rotkehlchen *(Erithacus rubecula)*

Fast alle Arten von Vögeln können Töne hervorbringen, und viele von ihnen können schön singen. Warum tun sie das eigentlich? Nicht, um Menschen damit zu erfreuen, sondern um anderen Vögeln mitzuteilen: „Das ist mein Wohngebiet, mein Revier. Kommt bloß nicht hier rein." Tun die anderen das doch, werden sie weggejagt. Vor allem Artgenossen müssen das ausbaden. Männchen verteidigen ihr Revier heftig. Ein Weibchen wird natürlich zugelassen, denn mit ihm zusammen paaren sie sich und bauen ein Nest. Vögel singen also, um ihr Revier abzustecken und um Weibchen anzulocken.

Der schöne Gesang des Rotkehlchens ist das ganze Jahr über zu hören. Das Weibchen singt im Winter auch, denn dann hat es ein eigenes Territorium. Es besitzt dieselben Farben wie das Männchen. Die roten Brustfedern dienen dazu, einem Eindringling Angst zu machen. Die Federn werden abgespreizt, wodurch der Vogel dann größer wirkt. Er springt dabei hin und her und tut so, als ob er angreifen würde. Doch das ist Bluff!

Rotkehlchen kommen häufig bei uns vor, besonders in Wäldern. Dort suchen sie nach Spinnen, Insekten, Würmern und anderen Kerbtieren. Im Winter sieht man sie in Parks und Gärten. Sie sind zwar sehr scheu, doch wenn sie sich ungestört fühlen, kommen sie auch ins Futterhäuschen. Dort picken sie Samen auf. Sie streiten sich mit anderen Vögeln darum, doch lassen sie dabei die Umgebung auch nicht aus den Augen. Schließlich könnte eine Katze auftauchen – und das ist ihr größter Feind.

Rotkehlchen. Länge: 14 cm. Kommt in Europa und Asien vor. Brutzeit: von März bis Juni. Das Nest liegt oft versteckt unter einem Strauch am Boden. Die 3–6 Eier brütet das Weibchen in 2 Wochen aus. Es wird währenddessen vom Männchen versorgt.

In Wäldern, Parks und Gärten

Amsel *(Turdus merula)*

Es ist Ende Januar, und in den Straßen ist alles ruhig. Es herrscht noch Dunkelheit, und es ist kalt. Herrlicher Vogelgesang dringt einem plötzlich in die Ohren. Gegen den dunkelgrauen Himmel hebt sich die Silhouette einer Amsel ab, auch Schwarzdrossel genannt. Hoch in einem Baum oder Strauch oder auf einem Dachfirst sitzend, läßt das Männchen (Foto) seinen melodiösen Gesang erschallen. Es warnt Artgenossen fernzubleiben. „Dies ist mein Revier", will es mit dem Singen ausdrücken. Für ein Weibchen bedeutet der Gesang etwa: „Sieh nur her, was für ein schöner Mann hier auf dich wartet." Es ist jetzt aber noch zu früh im Jahr, um ein Nest zu bauen. Erst im März ist die Paarungszeit.

Früher war die Amsel ausschließlich ein Waldvogel, doch heutzutage kann man sie überall entdecken, wo es Bäume und Sträucher gibt. Das Männchen ist tiefschwarz mit gelbem Schnabel, das Weibchen dunkelbraun mit braunem Schnabel.

Amseln mögen Regenwürmer, Schnecken, Insekten, Kerbtiere, Beeren und Sämereien. Sie bauen ihr Nest im dichten Gesträuch, nicht weit oberhalb des Bodens. Die Eltern füttern ihre Jungen nach dem Flüggewerden weiterhin vom Boden aus.

Amsel. 25 cm lang, kommt überall in Europa und Asien vor. Brutzeit: März-Juli. Eierzahl: 3–5, das Weibchen brütet 13 Tage lang. 3 Bruten pro Jahr, die Jungen sind nach 2 Wochen flügge.

In Wäldern, Parks und Gärten

Kohlmeise *(Parus major)*

Kleine Vögel haben viele Feinde. Größere Vogelarten rauben z. B. Eier und Junge aus ihren Nestern, und der Kuckuck legt heimlich sein Ei in ein Singvogelnest. Kleine Vögel helfen einander, um sich gegen Feinde zu schützen. Wenn eine Krähe in die Nähe eines Nestes der Kohlmeise kommt, lassen die Eltern sofort ein warnendes „Zi-zi-däh" erklingen. Andere Vögel in der Nachbarschaft hören diesen Alarmruf und kommen sofort angeflogen, um zu helfen. Meisen, Zeisige, Hänflinge und Finken fliegen gemeinsam laut „schimpfend" um die Krähe herum. Die bekommt aufgrund so großen Lärms und Angriffslust Angst und haut ab. Die kleinen Vögel fliegen laut rufend noch ein Stück hinterher. Ist der Räuber dann verjagt, kehrt wieder Ruhe ein.

Kohlmeisen sind sehr schlaue Vögel. An Nahrung heranzukommen stellt meist kein Problem dar. Die Kohlmeise frißt Insekten (vor allem Raupen), aber auch Spinnen. Im Winter, wenn diese Tiere nicht mehr zu finden sind, schaltet sie auf Samen um. An Futterhäuschen im Garten erobert sie die leckersten Happen und verscheucht andere Vögel. Angst kennt sie dabei nicht.

Gerne wird in Nistkästen gebrütet. Wenn man diesen zu nahe kommt, hört man die Mutter aus dem Nest heraus manchmal heftig zischen. Sie ahmt das Geräusch einer Schlange nach. Raubtiere erschrecken dann und flüchten. Daß harmlose Tiere gefährliche nachahmen, kommt in der Natur häufig vor.

Kohlmeise. 14 cm lang, lebt in Europa und Asien. Brutzeit: April–Juni. Zahl der Eier: 5–12. Nur das Weibchen brütet, und zwar 2 Wochen lang. Die Kohlmeise ist ein Höhlenbrüter. 1–2 Jahresbruten.

In Wäldern, Parks und Gärten

Blaumeise *(Parus caeruleus)*

Wenn Vogeleltern ein Gelege ausgebrütet haben, fängt für sie eine anstrengende Zeit an. Sie müssen den Jungen Nahrung heranschaffen. Vater und Mutter werden durch das fortwährende Betteln der Sprößlinge dazu gezwungen. Die Jungen sperren den Schnabel auf und geben „Betteltöne" von sich. Die Eltern können dem nicht widerstehen und holen die Nahrung. Sie machen damit so lange weiter, bis die Jungen den Magen voll haben und nicht mehr betteln. Das Junge, das am lautesten schreit und den Schnabel am weitesten aufsperrt, bekommt auch am meisten zu fressen.
Die Blaumeise, die ihr Nest in einem hohlen Baum oder in Mauerlöchern einrichtet, muß bis zu 12 Junge füttern. Beide Elternteile schleppen unablässig Raupen, Kleinschmetterlinge, Fliegen und andere Insekten an – und das viele hundert Male pro Tag. Die Jungen bleiben 3 Wochen im Nest, was bedeutet, daß die Eltern in dieser Zeit unzählige Insekten fangen müssen. Sie sind die besten Insektenvertilger, die man sich denken kann. Sind die Jungen ausgeflogen, führt jedes sein eigenes Leben – ein Leben voller Gefahren. Ein ordentlicher Hagelschauer z. B. kann die zarten Jungen schon das Leben kosten.
Bei uns kommt die Blaumeise im Laubwald, in Parks und Gärten vor. Im Winter hängt sie oft wie ein Akrobat an Meisenknödeln. Es kostet sie viel Mühe, die Nüsse herauszupicken, doch aufgeben wird sie niemals.

Blaumeise. Länge: 11,5 cm. Kommt in Europa, Nordafrika und Westasien vor. Männchen und Weibchen sehen gleich aus. Die Jungen sind heller gefärbt mit stärkeren Gelbtönen. Brutzeit: April–Mai. Brutdauer: ca. 2 Wochen, in Nistkästen mit kleinem Flugloch.

In Wäldern, Parks und Gärten

Star *(Sturnus vulgaris)*

Von allen Seiten kommen Stare angeflogen. Von Äckern, Gärten, Wiesen, aus dem Röhricht. Es ist schon später Nachmittag, und sie sammeln sich, um zu ihren Schlafbäumen zu ziehen. Das Starenvolk setzt sich in Bewegung. Alle zugleich schwenken sie nach links oder rechts ab. Dabei gibt es keinen einzigen Zusammenstoß, und es sieht fast danach aus, als hätte irgendein General ein Kommando gegeben. Tatsächlich wissen die Gelehrten noch nicht genau, wie die Stare das schaffen. Laut schreiend lassen sich die Vogelmassen auf ihren Bäumen nieder. Die ganze Nacht über schnattern sie und machen ständig Lärm.
Stare leben überall, wo ihnen Nistkästen geboten werden. Die Nahrung besteht aus Insekten, Würmern, Kerbtieren und Früchten. Ein Star kann pro Tag wohl einige hundert Käferlarven aus dem Boden picken.
Zwischen April und Juni brütet ein Starenpärchen die Eier aus. Sein Nest hat es in einem Loch oder einem Spalt gebaut. Wenn sich die Gelegenheit ergibt, „besetzen" Stare die Höhle eines Spechts.
Der Star hat glänzend schwarzes Gefieder, das in allen Farben bunt schillert. Nach der Herbstmauser weisen die neuen Federn helle Spitzen auf, so daß der Star im Winter aussieht, als habe er weiße Punkte.
Unsere Stare ziehen im Herbst nach Südeuropa, und die Stare aus Nordeuropa überwintern bei uns.

Star. 21,5 cm lang, kommt in fast ganz Europa vor. Stare brüten ein- bis zweimal pro Jahr. Zahl der Eier: 5–7. Sie werden in 2 Wochen von den Eltern ausgebrütet.

In Wäldern, Parks und Gärten

Buchfink (Fringilla coelebs)

Viele Menschen sprechen neben der allgemeinen Umgangssprache auch noch die Sprache des Gebiets, in dem sie wohnen, und diese nennt man dann „Dialekt". Auch Vögel bedienen sich eines solchen Dialektes. Der Buchfink ist das bekannteste Beispiel hierfür. Dieser farbenfrohe Singvogel singt viele verschiedene Lieder. Sitzt er im Garten auf einem Pfahl, läßt er sein kräftiges Lied, den sogenannten „Finkenschlag" erklingen. Früher wurden Finken oft in Käfigen gehalten, und es gab Wettbewerbe darum, welcher Vogel am schönsten singen („schlagen") konnte. Die Finkenhalter erkannten ihren jeweiligen Vogel am Gesang. Der Gesang beginnt meist mit einem „Tschiep-tschiep", und danach folgt der typische Dialektgesang. Nur die Männchen (Foto) singen. Sie sind am Kopf graublau, Unterseite rotbraun und grünweiße Flügel. Die Weibchen sehen weniger farbenfroh aus, sie sind olivgrau.

Samen bilden die Hauptnahrung des Finks. Im Herbst suchen Schwärme von Männchen und Weibchen – keine gemischten Schwärme! – nach Bucheckern. Während der Brutzeit gehen die Vögel zu Insektennahrung über. Die Jungen werden mit Raupen und Fliegen gefüttert.

Buchfinken sind beim Flug leicht zu erkennen. Nach jedem Flügelschlag drückt der Buchfink die Flügel kurz gegen den Körper, und so wirkt der Flug wellenförmig.

Buchfink. Länge: 15 cm. In ganz Europa zu finden. Überall, wo Bäume sind, wird gebrütet. Das Nest wird auf einem Baumast oder in einem Strauch gebaut, und zwar von beiden Elternteilen. Brutzeit: April–Juni. Die 4–6 Eier brütet das Weibchen aus.

In Wäldern, Parks und Gärten

Haussperling *(Passer domesticus)*

Der Haussperling ist ein wahrer Lausbub. Man begegnet ihm überall, und alles, was freßbar ist, steckt er sich in den Schnabel. Läßt man das Küchenfenster offen, kommen Sperlinge und picken Kuchenkrümel vom Tablett. In blühenden Krokussen im Garten wird auch herumgestochert. Sperlinge sind schlechte Sänger. Zwar schwatzen und zwitschern sie den ganzen Tag, aber Gesang kann man das nicht nennen. Das Foto zeigt ein Männchen – das Weibchen besitzt keinen Kinn- und Kehlfleck und hat auch eine weniger schöne Färbung.

Wenn ein Männchen und ein Weibchen ein Nest bauen, tragen sie lange Grashalme unter Dachschindeln. Das Nest sieht meist unordentlich aus. Sie verwenden alles als Baumaterial, so auch Papierfetzen, Plastikstücke, Haare und Wolle. Sperlingsnester findet man wirklich in jedem nur denkbaren Winkel, in Bäumen, Nistkästen, Mauerspalten, im Efeu, in Dachrinnen. Die Mutter brütet die Eier aus. Ab und zu fliegt sie vom Nest weg, um selbst zu fressen, und in der Zeit setzt sich der Vater aufs Gelege. Pro Jahr gibt es drei Bruten. Wenn man Brotkrumen auslegt, kann man sehen, wie die Jungen bei den Eltern betteln, diese zu bekommen. Sie sind zwar groß genug, um sie selbst aufzupicken, haben aber offenbar noch keine Lust dazu.

Haussperling. Länge: 14,5 cm. Kommt überall vor, wo Menschen leben, also fast in der ganzen Welt. Er sucht sein Futter in der Nähe von Häusern – deshalb „Haussperling". Brutzeit: Mai–Oktober. Meist werden 3–6 Eier gelegt. Nach 2 Wochen schlüpft die Brut.

Im Garten

Feldsperling *(Passer montanus)*

Wenn man das Foto auf dieser Seite mit dem auf der vorigen vergleicht, dann scheint es sich um dieselben Vögel zu handeln. Es gibt aber Unterschiede. Auf dem Foto oben hat das Männchen einen braunen Kopf und einen schwarzen Fleck auf der weißen Wange. Die weißen Federn seines Halses bilden fast einen Ring. Es gibt noch einen großen Unterschied zum Haussperling: Beim Feldsperling haben Männchen und Weibchen dieselben Farben, während beim Haussperling das Weibchen weniger farbig ist. Am liebsten fliegt der Feldsperling dort herum, wo einige Bäume und Sträucher sind. Auch in Parks kann man ihm begegnen. Bei Bauernhöfen kann man manchmal Schwärme von Feldsperlingen sehen, die sich auf die Suche nach Freßbarem machen. Samen, Getreidekörner und Insekten picken sie auf, auf dem Foto oben z. B. hat der Vogel eine Motte erwischt.

Im März hört man die Männchen miteinander streiten. Mit gespreizten Flügeln und gesträubten Kopffedern versuchen sie dann, Eindruck auf Weibchen zu machen. Wenn ein anderes Männchen sich dasselbe Weibchen auserkoren hat, kommt es zum Streit. Aufgeregt rufen sie einander „Tschik-Tschik" zu, das heißt soviel wie „Mach, daß du wegkommst". Nester werden in hohlen Bäumen, Heuschobern, unter Dachpfannen und an anderen Orten angelegt. Auch einen Nistkasten an einem ruhigen Ort im Garten nehmen sie an. Im Winter bilden Feld- und Haussperlinge umherschweifende Schwärme.

Feldsperling. Länge: 14 cm, kommt überall in ganz Europa und Asien vor. Brutzeit: von April–August. Die 4–6 Eier brüten die Eltern in 2 Wochen aus. Nach 17–18 Tagen sind die Jungen flügge, 3 Jahresbruten.

In Gärten und Feldern

Turmfalke *(Falco tinnunculus)*

Unter den Greifvögeln gibt es Arten, die „rütteln", bevor sie fressen. Dazu gehört auch der Turmfalke. In einer Höhe von 15 m „steht" er mit flatternden Flügeln auf einer Stelle still in der Luft. Das nennt man „rütteln". Mit seinem scharfen Auge nimmt er jede Bewegung am Boden wahr. Eine Feldmaus hat gerade ihr schützendes Loch verlassen. Scheu schaut sie sich um, denn sie weiß, daß überall Gefahr lauert. Den Falken sieht sie jedoch nicht, dieser sie dagegen sehr wohl. Der Vogel hört zu rütteln auf und stürzt sich mit hoher Geschwindigkeit nach unten. Er streckt die Füße nach vorn, und mit den scharfen Krallen ergreift er die Feldmaus. Deshalb nennt man diese Vögel Greifvögel. Früher wurden sie meist als „Raubvögel" bezeichnet, doch dieser Name ist verwirrend. Schließlich zieht eine Amsel ja auch Würmer aus dem Boden, und eine Kohlmeise frißt Raupen. Das sind also eigentlich auch Raubvögel, denn sie leben vom „Raub". Außerdem denken Menschen bei diesem Wort immer an schlechte Dinge. Und „Raubvögel" sind keinesfalls schlecht, sondern im Gegenteil nützlich. Sie fangen viele Tiere, die für den Menschen schädlich werden können, wenn ihre Zahl zu stark zunimmt.

Den Turmfalken kann man bei uns sogar in der Stadt antreffen. Auf Wiesen, Äckern und in Heidegebieten fühlt er sich richtig wohl. Er brütet in hohlen Bäumen oder in Türmen (Name!). Auch wird in alten Nestern und in Felsen gebrütet.

Turmfalke. 34 cm lang, kommt in ganz Europa, Asien und Afrika vor. 4–6 Eier werden vom Weibchen in einem Nest (Horst) in 4 Wochen ausgebrütet. Nahrung: Kleinvögel, Mäuse. Nach 30 Tagen sind die Jungen flügge.

In Wiesen und Feldern

Kiebitz *(Vanellus vanellus)*

Ein langgezogenes „Kie-wit" klingt über die Wiese. Ein Vogel ruft seinen Namen: der Kiebitz. Der Wiesenvogel schlägt eine Art Purzelbaum in der Luft, und dieser Luftakrobat ist das Männchen. Er versucht, ein Weibchen anzulocken. Mit seinen langen, roten Beinen schreitet es durch das Gras. Ihm gefällt das aufgeregte Männchen offenbar, und bald schon sind sie ein Paar. Zusammen trippeln sie durch die Wiesen. Das Weibchen inspiziert einige Nestgruben, die das Männchen gebaut hat. Wenn es einen geeigneten Nistplatz ausgesucht hat, findet die Paarung statt. Die Grube wird mit Gras ausgekleidet.

Der Kiebitz nistet auch im Ackerland und in Dünen. Die Jungen tragen weiße (am Bauch) und schwarzbraune (am Rücken) Daunenfedern. Nach der Geburt laufen sie sofort hinter den Eltern her. Es ist eine gefährliche Zeit für sie, denn fliegen können sie noch nicht. Die Eltern passen aber gut auf. Wenn Gefahr droht, z. B. durch einen Fuchs oder ein Wiesel, flattern Vater oder Mutter auf den Boden. Mit gespreizten Flügeln liegen sie im Gras und tun, als ob sie nicht fliegen könnten. „Hilflos" kriechen sie über den Boden, immer von den Jungen weg. Der Räuber denkt dann, dies sei eine leichte Beute, und macht sich an sie heran. Aber wenn dieser weit genug weggelockt wurde, fliegt der „verwundete" Vogel einfach weg. Der Räuber schaut ihm verdutzt hinterher. Feinde werden von Kiebitzen auch durch regelrechte Sturzangriffe, verbunden mit lautem Geschrei, verscheucht.

Kiebitz. Länge: 31 cm. Männchen und Weibchen gleichen einander und besitzen eine lange Haube. Kommt in großen Teilen Europas und Asiens vor. Bei strenger Kälte ziehen sie nach Südeuropa. Brutzeit: März–Mai. Die 4 Eier sind grünlich. Nahrung: kleines Bodengetier.

In Wiesen und Feldern

Mehlschwalbe *(Delichon urbica)*

„Flatsch" macht es neben einem. Auf dem Boden spritzt Vogelkot auseinander. Zum Glück nicht getroffen! Blickt man nach oben: Unter der Dachrinne klebt das Nest einer Mehlschwalbe, und ein Junges steckt schon sein Köpfchen heraus.

Über Wiesen und Äckern jagen die Eltern hinter Insekten her. Im schnellen Flug erbeuten sie die herumfliegenden Mücken, Fliegen und Käfer. Wenn sie ihren Kehlsack voll haben, fliegen sie zum Nest. Einer der Elternteile klemmt sich an dessen Außenseite fest, steckt den Kopf nach innen und füttert die Jungen. Meist gibt es 4 oder 5 von ihnen. Bis sie ausfliegen, dauert es rund 3 Wochen. Die Eltern sind also lange Zeit sehr beschäftigt. Eine Mehlschwalbe baut ihr Nest aus Lehmteilen. Sie fängt damit nach ihrer Rückkehr aus Afrika an – im April, wo sie den Winter verbracht hat. Den „Zement" holt sich der „Maurer" z. B. aus einer Pfütze. Hunderte von Lehmstückchen werden von den Eltern mit dem Schnabel transportiert und unter eine Dachrinne, einen Dachfirst oder an eine Felswand geklebt. Nach dem Trocknen ist der Lehm steinhart. Mehlschwalben mauern ihre Nester immer an die Außenseite von Gebäuden, während dagegen die Rauchschwalben dies im Innern (von Scheunen oder Ställen) tun. Ein Schwalbenpärchen brütet pro Jahr 2–3 Gelege aus. Jungvögel der ersten Brut helfen beim Füttern ihrer Brüder und Schwestern aus der zweiten und dritten Brut.

Mehlschwalbe. Länge: 12,5 cm. Brutvogel in ganz Europa und großen Teilen Asiens. Eine einzige Schwalbe fängt im Sommer Hunderttausende von kleinen Insekten. Im Oktober fliegt dieser Zugvogel in den warmen Süden, nach Afrika.

In Wiesen und Feldern

Feldlerche *(Alauda arvensis)*

Über Felder, Wiesen, Heide und Marschen tönt der jubelnde Gesang der Feldlerche, und zwar schon ab Februar. Dieser Singvogel hat ein dunkelbraun gestreiftes Federkleid, die Unterseite ist grauweiß mit braunen Sprenkeln, und der Schwanz hat weiße Außenfedern. Hoch in der Luft singt das Männchen sein wohlklingendes Lied. „Das ist mein Revier", will es damit sagen, es lockt damit aber auch ein Weibchen an. Taucht ein Rivale in seinem Revier auf, kommt es zum Kampf, bis der Eindringling vertrieben ist.
Feldlerchen sind zunehmend mehr gefährdet, weil zuviele Schädlingsbekämpfungsmittel eingesetzt werden. Sie fressen alle Arten Samen, Grünes, Spinnen, Insekten und Würmer.
Ihr Nest baut die Feldlerche am Boden, gut getarnt. Und dank ihrer erdbraunen Farbe ist sie dort auch kaum zu erkennen. Wenn sich ein Feind nähert, rennt sie schleunigst vom Nest weg. Das Weibchen schießt kreuz und quer durch das Gras und flattert erst viele Meter weiter wieder auf. Vergeblich wird der Feind dann an der Stelle des Auffliegens nach dem Nest suchen.
Die Feldlerche brütet nur einmal im Jahr. Ein Teil der Singvögel zieht im Winter nach Südeuropa, in unseren Breiten überwintern vor allem die Männchen.

Feldlerche. 17,5 cm lang, kommt in Europa und Asien vor. Ein Teil zieht im Winter nach Südeuropa. Die bei uns zurückbleibenden Tiere suchen in der kalten Jahreszeit in großen Schwärmen die Felder nach Nahrung ab. Brutzeit: April–August, 3–6 Eier.

In Wiesen und Feldern

Bachstelze *(Motacilla alba)*

Aufgeregt trippelt eine Bachstelze über den Weg. Sie rennt von links nach rechts, bleibt kurz stehen und läuft wieder nach vorn. Sie jagt hinter Insekten her, die ihre Nahrung bilden. Käfer werden gefangen, Schnecken und Würmer vom Boden aufgenommen oder Schmetterlinge in der Luft geschnappt.
Auf dem Land, bei Bauernhöfen und auf Äckern ist die Bachstelze überall dort zu entdecken, wo Wasser in der Nähe ist, wo es feucht ist. Kehle, Brust und Kopf sind schwarz, das Gesicht weiß und der Rücken grau. Im Winter ist auch die Kehle weiß. Bachstelzen sind schlank und langbeinig, beim Fangen von Insekten am Boden wippt der Schwanz stets auf und nieder.
Bachstelzen bauen ihre Nester in Nischen und Höhlen von Mauerwerk und alten Bäumen bei Brücken und Dämmen. Die Bachstelze ist ein Zugvogel. Gegen Ende des Sommers und zum Herbstanfang ziehen die Vögel nach Südeuropa und Nordafrika, wo es wärmer ist. Im Februar kehren sie aus ihren Winterquartieren zurück.
Der Vogel ist fast überall geschützt, wird aber doch immer wieder gejagt, bzw. – wie andere Zugvögel auch – mit Netzen gefangen. Trotz unzähliger Proteste von Vogelschützern hat dieses Treiben leider noch immer kein Ende gefunden. In Südeuropa und Afrika werden die Vögel gegessen, Jäger verkaufen sie an Restaurants, wo sie den Gästen auf der Speisekarte angeboten werden.

Bachstelze. 18 cm lang, Brutzeit: April–Juni, 2 Bruten pro Jahr. 5–6 Eier brütet das Weibchen allein aus. Die Jungen sind nach ca. 2 Wochen flügge. Genistet wird in Bauern- oder Mauerhöhlen.

In Wiesen und Feldern

Elster *(Pica pica)*

Ein großer, flinker Krähenvogel mit langem Schwanz, der grün und blau schimmert, ein Federkleid in den Farben schwarz und weiß – so sieht die Elster aus. Sie ist unverwechselbar. Den scheuen, wachsamen Vogel sieht man bei uns in der Nähe von Bauernhöfen und Weideflächen, an Waldrändern; aber auch in Städten (Parks) ist er kein Unbekannter.

Elstern leben sehr gesellig in Paaren. Im Frühjahr kann man manchmal 50 Elstern nebeneinander in einem Baum sitzen sehen. Sie sind auf der Suche nach einem Lebenspartner. Das sind also noch „Unverheiratete", die ihr lautes „Schak-schak-schak" rufen. Haben Männchen und Weibchen einander gefunden, bewacht das Männchen seine Geliebte ununterbrochen. Vor allem zur Brutzeit wünscht es nicht, daß ihr ein anderes Männchen zu nahe kommt.

Das stabile Nest aus Zweigen (Horst) wird hoch oben in einem Baum gebaut und mit Lehm ausgeschmiert. Das Weibchen brütet die Eier aus, während das Männchen für die Ernährung sorgt: Insekten, Kerbtiere, Schnecken, Mäuse, Frösche. Ein fürsorglicher Ehepartner also!

Elstern sind Nesträuber. Läßt ein kleiner Vogel sein Nest für kurze Zeit unbewacht, stiehlt die Elster die Eier oder raubt die Jungen. Es werden aber auch Nester größerer Vögel, wie die von Fasanen, geplündert.

Elstern gelten – nach Meinung der Menschen – als „diebisch", weil sie Interesse für glitzernde Gegenstände haben.

Elster. 46 cm lang, wovon fast die Hälfte den Schwanz ausmacht. Lebt in Europa, Nord-Afrika und Asien. Brutzeit: einmal pro Jahr April–Mai, 18 Tage. Zahl der Eier: 5–8, bläulichfarben. Nach 4 Wochen sind die Jungen flügge.

In Wiesen und Feldern

Rabenkrähe *(Corvus corone corone)*

Krähen sind große Vögel mit schwarzem Gefieder. Früher hielt man sie für Todesboten, die mit ihrem „Krah-krah" das Sterben von jemandem ankündigten. Man hielt sie auch für Verbündete von Hexen und Zauberern – all dies ist natürlich blanker Unsinn.
Die dunklen Vögel kann man das ganze Jahr über meistens auf Äckern und Wiesen beobachten, wo sie sich laufend oder hüpfend fortbewegen. Wenn man gut hinsieht, stellt man Unterschiede zwischen den einzelnen Vögeln fest.
Hat der Vogel einen weißen Gesichtsfleck und stark befiederte Schenkel, handelt es sich um eine **Saatkrähe** *(Corvus frugilegus)*. Die **Nebelkrähe** *(Corvus corone cornix)* hat einen grauen Nacken und grauen Rücken. Ist der Vogel mehr rund und mit grauem Nacken, hellen Augen und kürzerem Schnabel, dann hat man eine **Dohle** *(Corvus monedula)* vor sich: unsere kleinste Krähenart.
Die größte ist die Rabenkrähe (Foto), die vollständig tiefschwarz gefärbt ist. Die Rabenkrähe schluckt wirklich alles, was ihr vor den Schnabel kommt und was freßbar ist, hinunter: Samen, Beeren, Frösche, Schnecken, Mäuse, Muscheln, Aas und auch Abfall von Müllhalden. Im Frühjahr vergreift sie sich mitunter an Eiern und Jungvögeln, die aus dem Nest geraubt werden.

Rabenkrähe. 47 cm lang, lebt in Europa und Asien. Brutzeit: April–Juni, und zwar 4–6 Eier, die das Weibchen in 20 Tagen ausbrütet. Nach 4 Wochen sind die Jungen flügge.

In Wiesen und Feldern

Fischreiher *(Ardea cinerea)*

Gespannt steht der große Vogel im niedrigen Wasser. Er bewegt sich nicht, er hat Geduld und kann warten. Schließlich taucht das auf, worauf er schon lange gehofft hatte: ein kleiner Fisch. Der lange Hals schießt mit blitzartiger Geschwindigkeit nach unten und packt das Opfer. Mit seinem dolchförmigen Schnabel hat er einen kleinen Weißfisch gepackt, der keine Chance zum Entkommen hat. Er schluckt ihn hinunter, und zwar mit dem Kopf zuerst.
Es ist die Rede vom Fischreiher, einem Vogel, den viele Fischer als Schädling betrachten, weil er ihnen die Beute streitig macht. Tatsächlich fressen Reiher aber meist nur solche Kleinfische, die dem Menschen ohnehin nicht schmecken, weil sie zuviele Gräten haben. Reiher ernähren sich aber auch von Fröschen, und man sieht sie auf nassen Wiesen stehen, wo sie nach Mäusen, Maulwürfen, Schlangen und anderen Kleintieren jagen.
Während der Brutzeit haben Fischreiher eine lange Federhaube. Ihr Nest, das sehr groß ist, bauen sie aus Zweigen, und zwar in Ufernähe. Die Arbeit erledigen Männchen und Weibchen gemeinsam. Reiher brüten in Kolonien – manchmal haben Dutzende von ihnen ihr Nest im selben Baum. Die jungen Reiher werden von beiden Eltern Tag und Nacht gefüttert. Sie sind nach eineinhalb Monaten flügge.

Fischreiher. 90 cm lang, kommt fast in ganz Europa – außer im hohen Norden – vor. Ein Teil überwintert im Süden. Brutzeit: Februar–Juni, 3–5 Eier, die in 4 Wochen von den Eltern ausgebrütet werden.

An Seen und Tümpeln

Höckerschwan *(Cygnus olor)*

Eine Mutter spaziert mit ihrem kleinen Sohn am Stadtweiher entlang. Auf dem Wasser schwimmen zwei Höckerschwäne. Der Kleine will die Schwäne füttern und wirft einige Brotstücke ins Wasser. Zischend kommt einer der Schwäne angeschwommen. Er hat die Flügel erhoben und den langen Hals nach hinten gebogen – der Schwan droht anzugreifen! Erschrocken rennt der Kleine weg und versteckt sich hinter seiner Mutter. Auch die ist erschrocken und geht schnell weiter. Der Schwanenmann läßt die Flügel sinken und schwimmt zurück zu seiner Frau. Die hat sich für den Vorfall gar nicht interessiert. Auf ihrem Rücken, zwischen den Flügeln, sitzen drei braune Junge, und hinter ihr schwimmen noch einmal drei. Schwäne verteidigen ihre Kinder fanatisch und können dabei Schläge mit den Flügeln austeilen. Kommt ein anderer Schwan in ihr Revier, wird der Eindringling sofort angegriffen. Vater und Mutter schließen eine Ehe, die ein Leben lang dauert. Sie werden einander durch dick und dünn folgen und sich gegen andere verteidigen. Der Höckerschwan verdankt seinen Namen dem schwarzen Höcker auf dem orangeroten Schnabel. Die Jungen haben in ihren ersten beiden Lebensjahren ein graubraunes, schmutzigweißes Federkleid und helle Schnäbel ohne Höcker.
Der Höckerschwan lebt in unseren Breiten auf Binnengewässern.

Höckerschwan. Länge: 152 cm. Die Flügelspannweite beträgt 2,5 Meter. Das Nest wird am Boden in Wassernähe gebaut, und zwar aus Pflanzenteilen. Brutzeit: März–Mai. Die 3–8 weißen Eier werden in 5 Wochen ausgebrütet. Nahrung: Wasserpflanzen und Gras.

An Seen und Tümpeln

Stockente *(Anas platyrhynchos)*

Zu den Wasservögeln, die man überall bei uns an Seen, Gräben, Tümpeln auf dem Land und in Städten antreffen kann, gehört die Stockente. Es ist unser bekanntester Wasservogel. Diese wilden Enten sind so zahm, daß sie sogar Brotkrümel aus der Hand fressen. Eigentlich sind sie gar nicht mehr richtig „wild".
Enten ernähren sich von Wasserpflanzen, Gras und Samen. Das Männchen, Erpel genannt, ist bunt gefärbt (Foto), das Weibchen ist braun, weil es die Eier ausbrütet. Das Nest liegt meist verborgen am Boden im Röhricht. Würde darauf ein Vogel mit prächtigen Farben sitzen, würde ihn ein Fuchs oder ein anderer Feind leicht entdecken. Deshalb trägt das Weibchen eine Schutzfärbung. Farbunterschiede zwischen Männchen und Weibchen sind häufig in der Vogelwelt. Verallgemeinernd kann man sagen, daß unauffällig gefärbte Eltern gemeinsam die Eier ausbrüten. Auffällig gefärbte Vögel – meist die Männchen – machen dabei nicht mit.
Abends fliegen Stockenten aus kleinen Gewässern weg und suchen sich Nahrung in den Wiesen. Am folgenden Morgen sind sie dann wieder da.

Stockente. Länge: 58 cm. Kommt in Europa, Asien und Nordamerika vor. Brutzeit: März–August. Die 9–12 hellgrünen Eier werden in 25 Tagen ausgebrütet. Die Eltern füttern die Jungen ca. 8 Wochen lang.

An Seen und Tümpeln

Bläßhuhn *(Fulica atra)*

Ein kalter Wintertag. Parkteiche, Seen und Flüsse sind zugefroren. Eine Schicht Schnee hat den Erdboden zugedeckt, als ob jemand ein weißes Laken darüber ausgebreitet hätte. Jede Menge schwarze Flecken huschen darüber – es sind Bläßhühner, die sich scharf vom weißen Untergrund abheben. Sie lassen sich auf der Wiese nieder, um das Gras unter der Schneedecke zu fressen. Im Sommer stehen auf ihrem Speisezettel auch kleine Weichtiere und Wasserinsekten. Bläßhühner findet man überall, wo es vegetationsreiche Gewässer gibt. Die weiße Blesse auf der Stirn ist ihr Erkennungszeichen.
Die Zehen der Bläßhühner haben breite Lappen an der Seite, wodurch sie gut schwimmen und tauchen können. Wenn sie tauchen wollen, müssen sie zuerst einen Kopfsprung machen. Sie haben nämlich so viel Luft zwischen den Federn, daß es ihnen schwerfällt, unter Wasser zu kommen. Sind sie untergetaucht, müssen sie weiterschwimmen. Hören sie damit auf, schießen sie wie Luftblasen nach oben.
Das Nest wird aus Pflanzenstengeln an Ufern gebaut. Ist das Wasser sehr flach, wird es auch dort errichtet. Das große, hohe Nest liegt dann auf dem Boden und besitzt eine Art Treppe, damit sie ins Wasser laufen können. Nach einem tüchtigen Regenschauer kann das Nest auch auf dem Wasser treiben. Es wird mutig verteidigt. Wenn eine Ente zu nahe herankommt, vertreiben Vater und Mutter sie mit viel Wasserplatschen und lautem Geschrei.

Bläßhuhn. Es wird 38 cm lang und kommt in Europa, Asien und Australien vor. Brutzeit: März–Juli. Beide Eltern bebrüten 6–9 Eier etwa 3 Wochen lang. Mit etwa 8 Wochen sind die Jungen flugfähig.

An Seen und Tümpeln

Teichhuhn *(Gallinula chloropus)*

Ein Hund jagt bellend über eine Wiese am See. Enten fliegen erschrocken auf. Der Vierbeiner verfolgt ein Teichhuhn. Der Vogel flüchtet zum Wasser und „rennt" mit seinen breiten Füßen viele Meter über das Wasser. „Plopp" – der scheue Wasservogel ist untergetaucht und bleibt lange unten. Das Teichhuhn steckt seinen roten Schnabel mit gelber Spitze heraus, um zu atmen – es hat also immer seinen Schnorchel bei sich. So entkommt das Teichhuhn seinen Feinden. Fliegen kann der Vogel auch, aber nicht gern.
Das Teichhuhn, der Name sagt es schon, findet man immer in der Nähe von Gewässern. Während des Schwimmens nickt es stets mit seinem Kopf hin und her. Den schwarzweißen Schwanz steckt es keck nach oben und bewegt ihn auch ständig. Schwimmt aber ein Wasserinsekt vorbei, stoppt es seine Bewegungen und schnappt rasend schnell zu. Außer kleinen Wassertieren frißt es auch Wasserpflanzen. Auf dem Land sucht es nach Samen, Schnecken und Insekten.
Das Teichhuhn ist leicht an seiner roten Blesse auf der Stirn zu erkennen – das Foto zeigt ein Junges, das noch nicht so farbig ist. Das Nest wird meistens in Wassernähe zwischen Röhricht oder Gestrüpp am Boden gebaut. Teichhühner brüten pro Jahr zwei- bis viermal.

Teichhuhn. Länge: 33 cm. Es kommt in allen Erdteilen außer Australien vor. Brutzeit: März–August. Die 5–11 Eier werden von den Eltern in 3 Wochen ausgebrütet. Die braunfarbigen Jungen schwimmen sofort mit den Eltern mit, nach 5 Wochen können sie fliegen.

An Seen und Tümpeln

Lachmöwe *(Larus ridibundus)*

Die Lachmöwe ist weiß, ihre Flügelspitzen sind schwarz. Im Sommer ist der Kopf schokoladenbraun, im Winter ist er weiß; nur ein dunkler Fleck hinter den Ohren ist dann noch zu erkennen. Der Schnabel und die Beine sind dunkelrot.

Lachmöwen kommen an Binnengewässern, an der Küste, in Städten und überall dort vor, wo es viel Nahrung gibt. Sie leben in Kolonien. Wirft man ihnen Brotbrocken zu, dann erhaschen sie diese im Sturzflug, und im Nu tauchen von überall her Dutzende von Lachmöwen auf. Sie sind überhaupt nicht scheu und passen sich überall gut an.

Die Nahrung der Lachmöwen besteht aus Kleintieren wie Schnecken, Fröschen, sogar Mäusen, aus Abfällen jeglicher Art, besonders auch von Müllkippen. Man kann beobachten, daß sie auf Wiesen trippeln. Durch diese Bewegungen locken sie Regenwürmer hervor. Regenwürmer fühlen sich aufgescheucht und kommen an die Oberfläche, wenn der Erdboden erschüttert wird.

Lachmöwen haben ihre Nester am Boden, wo es geschützt ist, z. B. auf Inseln, im Brachland und überall dort, wo es Gewässer gibt. Sie brüten in Kolonien. Es dauert ungefähr fünf Wochen, bis die Jungen flügge sind. Lachmöwen brüten nur einmal pro Jahr.

Lachmöwe. 38 cm lang, lebt in Europa, Asien und Nordafrika. Brutzeit: April–Juli. Die 3 Eier werden von den Eltern in 23 Tagen ausgebrütet. Nahrung: Mäuse, Insekten, Schnecken, Krabben, Kleintiere, Abfälle von Müllkippen.

An Seen und Tümpeln

Silbermöwe *(Larus argentatus)*
Heringsmöwe *(Larus fuscus)*

Es gibt sehr viele Möwenarten, und sie sind gar nicht so leicht voneinander zu unterscheiden. Sie kommen an Meeresküsten, Flußmündungen, Salzseen, Süßgewässern und (z. B. die Mantelmöwe) im Binnenland vor.
Auf dem Foto sind zwei Arten abgebildet. Die Silbermöwe erkennt man am hellgrauen Rücken und gelben Schnabel mit rotem Fleck. Etwas kleiner ist die **Sturmmöwe** *(Larus canus),* nämlich nur 40 cm. Wichtigste Unterscheidungsmerkmale zur Silbermöwe sind die Größe, grünlichgelbe Beine und grünlichgelber Schnabel, ohne roten Fleck!
Die Heringsmöwe (50 cm groß/Foto) mit ihrem schiefergrauen bis schwarzen Rücken sieht aus, als würde sie eine Jacke tragen. Die Beine sind gelb. Sehr viel größer, nämlich 76 cm, ist die **Mantelmöwe** *(Larus marinus).* Sie hat einen schwarzen Rücken und schwarze Flügeloberseiten, die Beine sind fleischfarben.
Zur Nahrung der Möwen gehören Fisch, Krabben, Seesterne, Insekten, Würmer und Aas. Und eine Möwe scheut sich auch nicht, aus dem benachbarten Nest ein Junges zu stibitzen und an die eigenen Jungen zu verfüttern. Ein Möwennest ist nicht mehr als eine Grube im Sand. Alle Arten brüten in Kolonien, und wenn man in die Nähe kommt, dann schießen diese Vögel kreischend und gefährlich mit den Flügeln schlagend auf den Störenfried zu.

Silbermöwe. Fast 60 cm lang, bewohnt Süßgewässer und Meeresküsten von Eurasien, N-Amerika und N-Afrika. Brutzeit: Mai–Juni. 3 Eier brüten beide Eltern in fast 4 Wochen aus. Innerhalb einer Brutkolonie können mehrere Möwenarten vorkommen.

An der Küste

REGISTER

Amsel, 11
Bachstelze, 22
Bläßhuhn, 28
Blaumeise, 13
Buchfink, 15
Buntspecht, 4
Dohle, 24
Drossel, 6
Eichelhäher, 8
Elster, 23
Ente, 27
Fasan, 2
Feldsperling, 17
Fischreiher, 25
Gartenrotschwanz, 7
Haussperling, 16
Heringsmöwe, 31
Höckerschwan, 26
Kiebitz, 19
Kohlmeise, 12
Krähe, 24
Lachmöwe, 30
Lerche, 21
Mantelmöwe, 31
Mehlschwalbe, 20
Meise, 12, 13
Möwe, 30, 31
Nebelkrähe, 24
Rabenkrähe, 24
Reiher, 25
Ringeltaube, 3
Rotkehlchen, 10
Saatkrähe, 24
Schwalbe, 20
Schwan, 26
Schwarzdrossel, 11
Silbermöwe, 31
Singdrossel, 6
Specht, 4
Sperling, 16, 17
Star, 14
Stockente, 27
Sturmmöwe, 31
Taube, 3, 9
Teichhuhn, 29
Türkentaube, 9
Turmfalke, 18
Zaunkönig, 5

Titel der Originalausgabe: Vogels
Übersetzt aus dem Niederländischen von Peter Schwertner

ISBN 3-483-01818-2
© 1989 Uitgeverij De Ballon Antwerpen-Almere
© 1991 A. Weichert Verlag GmbH & Co. KG, Hannover.
Alle Rechte, auch die des auszugsweisen Nachdrucks und der fotomechanischen Wiedergabe, vom Verlag vorbehalten.

Bildnachweis
Ardea: 2, 6, 18; D. Arnhem: 3, 4, 5, 7, 8, 9, 10, 11, 12, 13, 16, 17, 19, 20, 21, 22, 23, 24, 25, 29, 31; Diapress: 14, 15, 26, 27, 28, 30.